Traute Cramer

Wenn Katzen kochen könnten

Leckeres für Naschkatzen und Gourmets

CADMOS

Inhalt

Impressum

Gestaltung und Satz: Ravenstein, Verden
Fotos: Tatjana Prawitz, Ulrike Schanz, Traute Cramer
Titelfotos: Tatjana Prawitz, Ulrike Schanz, Traute Cramer
Druck: Rasch, Bramsche

ISBN 3-86127-125-7

Vorwort

Erst war es ein Kater, dann noch eine Notfallkatze und plötzlich lebten sieben zauberhafte Mausekatzen in unserem Haus: Feline, Amadeus, Cicero, Fritzie, Amelie, Scheitan und Adonis. Das bedeutete siebenmal abgestimmte Fressnäpfchen und sieben Katzenklos. Überall verteilten wir sinnvoll Körbchen und Kuschelplätze, Katzenklappen und Kratzbäume. Wir planten und bauten einen katzengerechten Garten mit ausbruchsicherem Zaun und fertigten für jedes Fenster in der ersten Etage einen passenden Holzdrahtrahmen. Das Haus wurde belüftet, und kein Stubentiger turnte in der Regenrinne herum. Das Abenteuer „Beschütztes Leben mit unserer Rasselbande" konnte beginnen ...

Das Wort „Naschkatze" wurde uns nicht übel genommen, wir hatten vielmehr das Gefühl, Cicero und Co. wollten uns ihre Geschmacksrichtungen mitteilen! Sorgfältig beobachteten wir das Fressverhalten, um die einzelnen Vorlieben zu berücksichtigen. Sie mümmelten unterschiedlich an den Kräutern am Gartenteich, sie untersuchten unsere Einkäufe, die sie uns sehr genau als für sich lukullisch signalisierten. Beim Kochen begleiteten mich viele Katzenaugen. Unsere Mahlzeiten teilten wir mit Schoßsitzern und Stuhlbesetzern. Manches Pfötchen bediente sich heimlich von unseren Tellern. Und wir merkten nichts. Ja, wir merkten nicht einmal, dass wir begannen, unser Essen mit Rücksicht auf unsere Katzen zu kochen. Ein köstliches Küchenleben mit sieben wundervollen kleinen Räubern entwickelte sich: Bei den fast salzlosen, fettarmen und frisch zubereiteten Gerichten durften wir partizipieren. So entstanden langsam die Rezepte: kräftigende Schonkost für den 23-jährigen Kater Scheitan einerseits, Diät für die Gewichtsreduzierung von Amadeus und Feline andererseits.

Dieses Buch soll ein kleiner Wegweiser für Katzen und ihre Besitzer zu besonderen Anlässen und in schwierigen Situationen sein. Wenn das gelingt, freue ich mich herzlich.

Wohnungskatzen ohne viel Beschäftigung neigen zu Übergewicht. (Foto: U. Schanz)

Einführung

Liebe geht durch den Magen

Heutzutage muss kaum noch eine Katze Mäuse fangen, um satt zu werden. Das „Mäuse verdienen" haben längst ihre Menschen übernommen. Sie bieten der eleganten Jägerin nicht nur die Sicherheit und Wärme eines Hauses, sie kümmern sich auch um ihre medizinische Betreuung und sie versorgen sie mit Nahrung. Eine Katze, die von den richtigen Menschen adoptiert wurde, muss sich um nichts mehr sorgen!

So bequem das neue Leben als geliebtes und umhegtes Familienmitglied auch sein mag, es hat auch seine Tücken. Denn Katzenhalter wollen zwar nur das Beste für ihre samtpfotige Freundin, doch nicht immer ist das, was Mensch für das Beste hält, auch wirklich gut für sie.

Gerade bei der Ernährung kann viel falsch gemacht werden. Der Wunsch, der Katze mit einer Leckerei etwas Gutes zu tun, ist häufig größer als das Wissen um ihre wahren Bedürfnisse. Und so kommt es, dass viele Stubentiger mit leckeren, aber ungesunden Delikatessen verwöhnt werden. Mit zum Teil fatalen Folgen für ihre Gesundheit.

Wer seine Katze gesund ernähren will, muss sie artgerecht füttern. Was aber bedeutet artgerecht?

Grundnahrungsmittel Maus

Jahrmillionen der Evolution haben aus der Katze eine geschickte Jägerin geformt. Die Stammmutter unserer Hauskatzen, die Falbkatze, hat sich auf kleine Beutetiere spezialisiert. Vögel, Eidechsen, Frösche und an erster Stelle Mäuse standen auf ihrem Speiseplan. Und so braucht auch die Hauskatze – zumindest theoretisch – Mäuse, um gesund und bei Kräften zu bleiben.

Die Spezialisierung auf kleine Beutetiere hat es auch mit sich gebracht, dass Stubentiger richtige Naschkatzen sind. Statt einer opulenten Mahlzeit nehmen sie lieber mehrere kleine Portionen über den Tag verteilt zu sich.

Auch die Verdauung der Katze ist von Kopf bis Darm auf das Grundnahrungsmittel Maus eingestellt: Ihr Gebiss ist hervorragend zum Zerschneiden von Fleisch geeignet; Getreide, Gras oder Heu kann es nicht zermahlen. Ihr Magen und Darm werden spielend mit Haut und Haar, Knochen, Fleisch und Innereien eines kleinen Beutetieres, aber nicht mit faserreichem Grünfutter und Gemüse fertig – die darin enthaltenen Nährstoffe scheidet die Katze zu einem großen Teil ungenutzt mit dem Kot wieder aus. Doch selbst wenn sie pflanzliche Nahrung gut verdauen könnte, würde sie bei einer vegetarischen Kost Mangel leiden.

Fleisch oder Fisch müssen auf den Katzentisch

Während sich erwachsene Menschen auch vegetarisch ernähren können, haben Katzen einen zu großen Bedarf an tierischem Eiweiß und Fett, um ohne Fleisch oder Fisch auszukommen. Tatsächlich ist der Bedarf an bestimmten Nähr- und Vitalstoffen, die nur in tierischem Gewebe enthalten sind, bei der Katze so hoch, dass sogar Hundefutter ihn nicht decken kann. So enthalten Hundefutter, aber auch Tischreste meist zu wenig essenzielle Aminosäuren für die Katze. Essenzielle Aminosäuren sind besondere Eiweißbausteine, die die Katze nicht selbst bilden kann. Besonders bei den Eiweißbausteinen Taurin und Arginin kann leicht ein lebensbedrohlicher Mangel entstehen, wenn die Katze über längere Zeit fleischarm ernährt wird. Denn Taurin ist unerlässlich für Sehkraft und für die Herzgesundheit der Katze und Arginin spielt eine bedeutende Rolle bei der Entgiftungsarbeit der Leber.

Arachidonsäure ist ein weiteres Beispiel für einen überlebenswichtigen Nährstoff, den die Katze nur über den Verzehr tierischen Gewebes zu sich nehmen kann. Arachidonsäure ist eine Fettsäure, die unter anderem wichtig für die Blutgerinnung ist.

Und zum Schluss, aber nicht zuletzt: Auch bei der Versorgung mit Vitamin A ist die Katze auf Fleisch und Innereien angewiesen. Denn anders als Hund und Mensch kann die Katze aus dem in Pflanzen enthaltenen ß-Carotin kein Vitamin A bilden. Vitamin C aus Obst und Gemüse hingegen benötigen Katzen nicht – dieses Vitamin stellen sie selbst her.

Junge, sehr aktive Katzen brauchen eine andere Ernährung als …

… betagte Senioren, die alles nur noch langsam angehen. (Fotos: Chr. Pinnekamp)

Menschliche Nahrung sollte für Katzen tabu sein, weil sie fast immer zu salzig, ja oft sogar gefährlich ist. (Foto: U. Schanz)

Das hat zur Folge, dass die Katze im Gegensatz zum Allesfresser Mensch auf einen ganz bestimmten Nährstoffmix angewiesen ist. Es bedeutet aber nicht, dass Katzen jeden Tag dasselbe fressen müssen. Solange mindestens zwei Drittel ihrer Kost aus tierischem Gewebe besteht, nur das restliche Drittel von Pflanzen stammt und auch die Mineralstoffversorgung gesichert ist, schätzen die Stubentiger durchaus Abwechslung auf dem Speiseplan.

Da Mäuse auch immer den gleichen Gehalt an Vitaminen und Mineralstoffen aufweisen, müssen auch diese Wirkstoffe in der Katzennahrung genau dosiert sein. Denn nicht nur eine Unter-, sondern auch eine Überversorgung kann die Katze krank machen. Ein Überschuss an Vitamin A kann beispielsweise zu Erkrankungen der Wirbelsäule führen und ein zu hoher Mineralstoffpegel zu Harnsteinen.

Die Mischung macht's

Doch Fleisch allein ist nicht alles. So eine Maus besteht schließlich nicht nur aus Muskeln. Eine Katze, die eine Maus verzehrt, nimmt auch deren Haut und Haare, Knochen und Innereien und – nicht appetitlich, aber wahr – auch den Inhalt von Magen und Darm auf. Jeder dieser Mausbestandteile ist für die Katze unverzichtbar. Haut und Haare dienen als Ballaststoffe, die die Verdauung anregen, die Knochen liefern das lebenswichtige Kalzium für ein starkes Skelett und der Darminhalt ist die vitaminreiche Gemüsebeilage zur Fleischmahlzeit.

Mäuse sind dabei äußerst konservativ: Sie ändern ihre Inhaltsstoffe nicht täglich wie ein Koch die Zutaten des Tagesessens in der Betriebskantine, sondern beinhalten im Großen und Ganzen die immer gleichen Nährstoffe in der immer gleichen Zusammensetzung.

Fertignahrung oder Hausmannskost?

Fertignahrung hat im Alltag große Vorteile. Sie kommt hygienisch verpackt ins Haus und muss nur noch in den Napf gefüllt werden. Man muss weder Zeit noch Mühe auf ihre Zubereitung aufwenden und kann sich trotzdem sicher sein, dass die Katze mit allen Nährstoffen versorgt wird. Das gilt aber nur, wenn es sich bei dem Trocken- oder Dosenfutter um eine Alleinnahrung handelt. Mit Leckerli, Snacks und Bei- und Ergänzungsfuttermitteln kann die Katze nicht ausgewogen ernährt werden.

Tatsächlich sind gute Alleinfuttermittel der Hausmannskost in gesundheitlicher Hinsicht sogar häufig überlegen. Denn die Rezepturen sind genau auf die Bedürfnisse der Katze abgestimmt, wissenschaftlich erprobt und werden ständig kontrolliert.

Wer für seine Katze ständig selbst kochen will, muss sich nicht nur eingehend mit ihrem Nährstoffbedarf beschäftigen, er muss sich auch ein umfangreiches Wissen über die Zusammensetzung der Grundzutaten aneignen. Zudem ist in der Katzenküche weniger Kre-

Fertigfutter ist perfekt auf die Bedürfnisse einer Katze abgestimmt – und dazu praktisch. (Foto: U. Schanz)

ativität als exaktes Arbeiten gefragt, damit alle Nähr- und Vitalstoffe in der richtigen Menge in der Tagesration des Tieres vertreten sind. Doch trotz aller Mühe lässt sich die Perfektion von Fertigfutter in der heimischen Küche kaum erreichen.

Warum also kochen für die Katz?

Vor allem, weil es Spaß macht!

Hand aufs Herz: Der Katze ein mit Liebe selbst gekochtes Mahl zu servieren und dann zu sehen, wie gut es ihr schmeckt, ist doch einfach befriedigender, als einen Napf mit Fertigfutter zu füllen. Wer allerdings im Alltag zu wenig Zeit hat, sich eingehend mit der Ernährung seiner Katze zu beschäftigen, sollte die Grundversorgung des Stubentigers durch ein gutes Fertigfutter sichern und ihr nur hin und wieder eine selbst gemachte Leckerei kredenzen.

Zwei Voraussetzungen für die Eröffnung eines Miezenrestaurants in der eigenen Küche sollten allerdings zusätzlich erfüllt sein:

1. Die Katze sollte gesund sein. Ein krankes Tier, besonders eine chronisch kranke Katze, darf grundsätzlich nur die Diät erhalten, die der Tierarzt empfiehlt. In bestimmten Fällen kann man das Spezialfutter auch zu Hause herstellen. Es muss aber streng nach dem Rezept des Tierarztes zubereitet werden.

2. Die liebevoll zubereitete Leckerei sollte der Katze nicht nur schmecken, sondern sie auch zumindest weitgehend mit allen benötigten Nährstoffen versorgen. Gleichzeitig darf die Katzenmahlzeit nicht zu kalorienreich sein. Und sie sollte natürlich auch keine Zutaten enthalten, die die Katze nicht verträgt.

(Barbara Welsch, Tierärztin)

Idealgewicht

Übergewicht stellt auch bei Katzen ein Gesundheitsrisiko dar. Daher sollten die Stubentiger möglichst schlank bleiben. Das Idealgewicht von Katzen hängt von ihrer Größe und Konstitution ab. Es variiert von zwei Kilogramm bei einer zierlichen Singapura bis zu über zehn Kilogramm bei einem muskulösen Maine-Coon-Kater. Die meisten Hauskatzen sind bei einem Gewicht von drei bis vier Kilogramm in Bestform.

Wenn Ihre Katze kein Bäuchlein hat und ihre Rippen gut fühlbar, aber nicht sichtbar sind, ist ihr Ernährungszustand genau richtig.

Fisch sollte für Katzen immer gekocht, gedünstet oder gebraten auf den Teller kommen. (Foto: U. Schanz)

Fleisch: roh oder gekocht?

Selbstverständlich vertragen Katzen rohes Fleisch – Mäuse fliegen ihr schließlich auch nicht gebraten ins Mäulchen. Trotzdem sollte man dem Stubentiger nur gegarte Speisen servieren. Denn im rohen Fleisch können sich Parasiten oder Infektionserreger befinden. Rohes Schweinefleisch ist besonders gefährlich, denn es kann das für die Katze absolut tödliche Aujeszky-Virus enthalten.

Handelt es sich um Bandwürmer, Toxoplasmen und Salmonellen, gefährden diese Krankheitserreger nicht nur die Gesundheit der Katze, sondern auch die der Menschen, die in engem Kontakt mit ihr leben. Kochen tötet die meisten Erreger ab und ist daher immer zu empfehlen. Eine Ausnahme stellt der Erreger der BSE (Abkürzung für: bovine spongiforme Enzephalopathie [Rinderwahnsinn]) dar; er kann selbst durch hohe Temperaturen nicht unschädlich gemacht werden. Doch die Gefahr einer Infektion scheint gering zu sein. In den letzten Jahren wurden kaum noch Fälle einer BSE-Erkrankung publik.

Häufige Fütterungsfehler

Vegetarische Kost: Es entsteht ein Mangel an essenziellen Aminosäuren, der schließlich zum Tod der Katze führt. Auch Eier, Milch und Milchprodukte ersetzen Fleisch nicht. Zudem wird ungesäuerte Milch von den meisten Katzen nicht vertragen.

Tischreste: Unsere Nahrung enthält in der Regel zu wenig wertvolles Eiweiß, aber dafür zu viele Kohlenhydrate. Bestimmte Lebensmittel und Gewürze sind zudem für die Katze unverträglich, ja sogar giftig.

Zu viel Leber: Katzen lieben Leber. Doch bei zu viel Leber auf dem Speiseplan kann eine Überversorgung mit Vitamin A entstehen. Leber sollte daher höchstens einmal wöchentlich auf den Katzentisch kommen.

Nur Fleisch: Bei einer reinen Fleischfütterung erhält die Katze zu wenig Kalzium mit der Folge, dass den Knochen dieses wichtige Mineral entzogen wird und sie weich werden und den Körper nicht mehr stützen können.

Roher Fisch und rohe Eier: Fisch und Eier enthalten viele wertvolle Eiweiße, doch sie sollen nie ausschließlich und nicht roh verfüttert werden. Denn viele Fischarten und auch das Eiklar enthalten Enzyme, die Vitamine aus der B-Gruppe zerstören. So kann ein gefährlicher Mangel an diesen lebenswichtigen Stoffen entstehen. Kochen macht das Enzym unschädlich. Zu viel fetter Fisch, sowohl roh als auch gekocht, kann übrigens zu einem Vitamin-E-Mangel führen.

Bitte nicht füttern

Was uns gut tut, kann für die Katze schädlich sein. Daher gehören diese Lebensmittel nicht in den Napf:

Süßigkeiten schädigen die Zähne, sind zu kalorienreich und können eventuell die Entstehung eines Diabetes mellitus provozieren. Zwiebeln und Knoblauch können die roten Blutkörperchen schädigen und so zu einer Blutarmut führen. Avocado und Schokolade können Nerven- und Herzprobleme auslösen. Weintrauben verursachen bei Hunden schwere Nierenschäden, bei Katzen ist dies zwar nicht bekannt, trotzdem sollte man vorsichtig sein. Insgesamt sind Obst und Gemüse schwer verdaulich für Fleischfresser – daher sollten sie nur in kleinen Mengen verfüttert werden. Auch Kräuter und Gewürze sollten Sie, wenn überhaupt, nur sparsam verwenden. Denn ihre Würzkraft stammt von den in ihnen enthaltenen ätherischen Ölen, auf die Katzen äußerst sensibel reagieren. Besonders gefährlich sollen Thymian und Oregano sein.

Den Geruch von Zitronen mag keine Katze, anderes, was Katze meiden sollte, riecht und schmeckt für sie leider gut. (Foto: U. Schanz)

Die Rezepte

Einige wichtige Anregungen

Jede Katze braucht einen eigenen Fressnapf, eine täglich gereinigte frische Wasserschale, ein Set, das nach Gebrauch gesäubert wird, einen festen, ruhigen Platz zum Fressen.

Bei mehreren Katzen sollte man die Nahrungstöpfchen auf ein Tablett stellen und individuell zubereiten. Die Reste sind nach dem Fressen abzudecken (mit alten Untertassen, eventuell beschweren). Man muss unbedingt Kontrolle über Leckereien behalten, damit es gerecht zugeht.

Terrasse, Balkon oder Fensterbrett sind ideal für ein Kräuterbeet im Blumenkasten. Keine Angst vor der Vielfalt: Pflanzen Sie alles ein, was angeboten wird, ein Winterkräuterbeet auf der Küchenfensterbank lieben alle Zwei- und Vierbeiner!

Stellen Sie sich eine kleine Menge Hefeflocken oder Bierhefeflocken in den Vorratsschrank; reich an Vitamin B, tun sie uns allen gut. Es gibt unterschiedliche Hersteller, und die Katzen sind wählerisch. Deshalb: Wir tauschen im Freundeskreis Gläschen mit Bierhefe aus und haben dadurch ein gutes Angebot. Fritzie kaute verzückt sogar die halbe Tablette.

Warnung: Hefeflocken katzensicher aufheben!

Jedes Rezept ist für ein bis zwei Katzen berechnet. Wenn Sie auf Vorrat kochen, sind Stieleisformen ideal zum Einfrieren, weil sie die genau richtige Menge für eine Portion enthalten. Es gibt sie in jeder Haushaltsabteilung der Kaufhäuser. Und diese Eisformen lassen sich sehr schnell in einem Becher mit kochendem Wasser auftauen.

Eingefrorenes nicht in der Mikrowelle auftauen, sondern rechtzeitig aus der Kühlung nehmen. Kräuter und Ähnliches behalten so Aromen und Werte.

Gewürze wie Wacholderbeeren, Knoblauchstückchen und Ähnliches in einen Teebeutel geben und nach dem Kochen entfernen, damit die Katzen kein Teilchen davon aufschlecken können.

Küchentür auf, Miezekatzen rein! Jetzt wollen wir miteinander kochen.

Kartoffeltag für Tiger

Für jedes Fell auf alle Fälle ein Mischgericht im kalten Herbst.

Zutaten:

1 gekochte Kartoffel
glutenfreie Gemüsebouillon
Butter
150 Gramm *reines, mageres Rinderhackfleisch*
Liebstöckel
Katzenminze

Wer sagt, dass Katzen keine Kartoffeln mögen? (Foto: T. Prawitz)

Das Rinderhackfleisch wird mit einer kleinen Messerspitze Butter und einem Esslöffel Wasser kräftig durchgegart. Die gekochte Kartoffel, ein Blatt Liebstöckel, eine Prise Katzenminzeblätter und eine viertel Tasse glutenfreie Gemüsebouillon mit dem Pürierstab zu einem weichen Brei verarbeiten. Die Fleischsauce und den Kartoffelbrei gut vermischen. Lauwarm füttern.

Tipps: Wenn der Supermarkt keine glutenfreien Fertigbrühen hat, einfach mal im Reformhaus nachfragen. Grundsätzlich immer nur eine winzige Messerspitze dieser Bouillon auf eine halbe Tasse kochendes Wasser nehmen.

Lassen Sie das Hackfleisch beim Kauf frisch durchdrehen. Suchen Sie sich stets Ihr Fleisch selbst aus.

Auch Katzen genießen gerne ihre Mahlzeiten. (Foto: U. Schanz)

Ciceros Fleischpflanzl

Cicero, der bayerische Kater, kennt diese Leckerei natürlich nicht als Buletten oder Frikadellen. Uns Menschen schmecken sie – sehr klein geformt – auch als Suppeneinlage.

Zutaten:

150 Gramm *frisch durchgedrehtes, mageres Rinderhack*
1 *Eigelb*
Kartoffelpüree aus der Tüte (!)
1 *Teelöffel fein gehackte Petersilie*
1 *winzige Prise geriebene Muskatnuss*
cholesterinfreies Öl

Hackfleisch, Eigelb, Petersilie und Muskatnuss werden zu einem festen Fleischteig verarbeitet. Ausnahmsweise fügen wir zur Lockerung und Bindung zwei Esslöffel fertigen Kartoffelbrei dazu.

Wenige Tropfen Öl in eine beschichtete Pfanne geben und den zum Kloß geformten Fleischteig sanft gut durchbraten.

Tipps: Die klein geformten Fleischklößchen können auch in einer Bouillon gar ziehen: Einen viertel Liter Wasser mit einer kleinen Messerspitze glutenfreier Gemüsebouillon zum Kochen bringen, vorsichtig gute fünf Minuten gar köcheln.

Grundsätzlich binde ich die Saucen mit wenig fertigem Kartoffelbrei. Voraussetzung ist natürlich, dass es auch Kartoffeln als Beilage gibt. Es genügt, wenn die Saucen etwas sämig sind.

Kräftigendes Futter hilft, wieder fit zu werden. (Foto: Chr. Pinnekamp)

Wollen Sie nicht nach Gräten suchen, bietet sich Lachs an. (Foto: T. Prawitz)

Genesungssüppchen für Arabella und Minou

Nach einer Operation leiden zwei unserer Katzen. Wir müssen sie schonend kräftigen.

Zutaten:

1 *Hähnchenbrustfilet*

1 *Hähnchenschenkel*

Wasser

Das frische Hühnerfleisch sehr sorgfältig von der fetten Haut befreien und mit einem drittel Liter kalten Wasser zum Kochen bringen. Auf kleiner Flamme etwa 20 Minuten garen. Das Filet und den vom Knochen befreiten Schenkel mit dem Pürierstab und der Brühe zu einer Suppe verarbeiten.

Tipp: Die restliche Suppe einfrieren, am besten in Stieleisförmchen, das ergibt Einzelportionen.

Adonis' liebste Krankenkost

Zutaten:

2 *Rotbarschfilets*

1 *Stiel Dill*

Wasser

1 Teelöffel *Schmand*

Den Fisch gründlich nach versteckten Gräten untersuchen und mit einem Glas Wasser (normale Größe) gar dünsten. Nach dem Pürieren – bitte Schmand nicht vergessen – das feine Dillkraut klein geschnitten am Rand des Fressnäpfchens untermischen. Ich glaube einfach nicht, dass außer Perser Adonis noch mehr Katzen Dill fressen!

Tipp: Dieser Fischbrei ist sehr beliebt, Sie können auch andere Sorten (Seelachs, Dorsch und so weiter) verwenden.

Satt und zufrieden, was will man als Koch mehr. (Foto: U. Schanz)

Täglich eine Messerspitze Butter schlecken verhindert Haarballen im Katzenmagen, aber mehr macht große Probleme. (Foto: U. Schanz)

Gemüsefisch für Minkie Gründer

Wir kochen auf Vorrat für einen Senior.

Zutaten:

250 Gramm *Dorsch* mit

1 Prise *Salz* und mit einem halben Teelöffel *Essig einreiben und ziehen lassen*

1 große, *weichkochende Kartoffel*

1 kleine *Möhre*

1 Scheibe *Zucchini (3 Zentimeter dick)*

1 Zweig *krause Petersilie*

2 Blättchen *Liebstöckel*

1 walnußgroße*s Stück Sellerie*

1 Messerspitze *Butter*

Das Gemüse putzen und fein schneiden (eventuell Gurkenhobel dazu verwenden, geht ganz fix und die Garzeit ist kurz). Mit den zerhackten Kräutern, der Butter und einer halben Tasse Wasser in einen Topf geben. Den Fisch waschen, abtrocknen und nach Gräten untersuchen (Dorsch lässt sich gut entgräten). In große Brocken geschnitten zusammen mit dem Gemüse dünsten. Mit zwei bis drei Prisen Hefeflocke vor jeder Mahlzeit bestreuen.

In kleinen Portionen einfrieren. Stieleisformen sind ideal.

Tipps: Es gibt auch Hefetabletten, sie lassen sich leicht zerdrücken.

Einige Apotheken verschenken als Werbung kleine Porzellanmörser, fragen Sie danach. Für den Katzenhaushalt eignen sich diese ausgezeichnet.

Kräuterbeete auf dem Fensterbrett sind für Wohnungskatzen eine Einladung zur Selbstbedienung. (Foto: U. Schanz)

Fritzies Nudeltopf

Zutaten:

Lachs aus der Tiefkühlung
(ungeräuchert, gute 200 Gramm)
Zitrone
Salz
klein geformte Nudeln
Dill
Schnittlauch
Rahm

Bringen Sie eine Tasse Wasser, eine Prise Salz, einen Teelöffel Zitronensaft zum Kochen und legen Sie die Lachsschnitten (aufgetaut) hinein. Knappe zehn Minuten ziehen lassen und bitte kontrollieren, ob der Fisch durchgegart ist. Achten Sie darauf, die Flüssigkeit eventuell zu ergänzen. Hacken Sie Dill und Schnittlauch fein. Fügen Sie einen Teelöffel davon zum fertigen Lachs.

Kochen Sie eine Tasse Nudeln in reichlich Wasser ohne Salz und Öl nach der Packungsanweisung.

Mischen Sie 50:50 Kräuterlachs und Nudeln und geben Sie auf eine Katzenportion einen Teelöffel Rahm. Rechnen Sie zwei Esslöffel pro Katze und verwerten Sie die Reste für sich selbst mit reichlich gedünstetem Spinat und frischem Knoblauch.

Was einer Katze schmeckt, macht eine andere sofort neugierig, ein ungewohntes Futter auch zu probieren. (Foto: Chr. Pinnekamp)

Rohes Ei für Katzen immer trennen. Nur Eigelb verwenden! (Foto: T. Prawitz)

Geschnetzeltes für sieben Mausis

Zutaten:

Pro Mäulchen gut 100 Gramm *Putenfleisch*
1 kleiner Zweig frischer *Rosmarin*
1 Blatt *Liebstöckel.*
Öl zum Braten

Das Putenfleisch sehr fein schnetzeln und in der Pfanne mit den Kräutern drei bis fünf Minuten gar braten. Gut abkühlen lassen vor dem Füttern.

Reine Fleischmahlzeiten sind wichtig.

Tipp: Für das menschliche Familienessen verfeinern Sie das Geschnetzelte mit einer Prise Muskatnuss und Calvados. Reichen Sie dazu Weißbrot mit Knoblauchbutter. Salzen!

Sünde für Felinchen & Co.

Manchmal gibt es auch schlichtes, einfaches rohes Fleisch bei uns.

Die Ware beim zuverlässigen Metzger einkaufen, damit Sie das Fleisch sorglos verfüttern können.

Verlangen Sie ein Stück mageres Rindfleisch und lassen Sie es durch den Fleischwolf drehen. Beachten Sie nicht das schmerzverzerrte Gesicht des Metzgers, wenn seine schönen Rouladen zum Tartar für Ihre Katzen werden – es sind Ihre Katzen und es ist Ihr Hackfleisch!

Rechnen Sie pro Katze 100 Gramm Hackfleisch, ein Eigelb (hat viel Lecithin), eine Prise Salz, einen halben Teelöffel Petersilie.

Mischen Sie den Fleischteig gründlich und streuen Sie vor dem Servieren einen kleinen Mokkalöffel Hefeflocken um den Rand.

Noch eine Sünde!

Füttern Sie auch ab und zu rohes Fleisch pur. Wir kaufen die „dicke Wade". Genau wie beim Hähnchenbein gibt es mehrere Fleischsorten, in der Wade vereinen sich sehnige, weiche und so weiter. Rechnen Sie pro Katze gute 100 Gramm. Zum Zerschneiden und Portionieren brauchen Sie ein sehr scharfes Messer. Ein freundlicher Metzger übernimmt das für Sie.

Bitte nicht aus dem Kühlschrank füttern. Fügen Sie dem Fleischtöpfchen auch einen Esslöffel Wasser zu.

Tipp: Die „dicke Wade" eignet sich hervorragend für Gulaschsuppen. Das erleichtert den Fleischeinkauf. Katzenportionen einfrieren!

Makrele für Kater Mikesch

Zutaten:

1 kleine frische *Makrele,*
ausgenommen, im Fischladen besorgen
Salz
Kräuteressig
Sellerie
Karotte
glatte Petersilie
Alufolie

Rohes Fleisch – das schmeckt für Katzen nach Jagd und Abenteuer. (Foto:. T. Cramer)

Frischen Fisch verschmäht kaum eine Katze. (Foto: U. Schanz)

Das war guuuut!! (Foto: Chr.Pinnekamp)

Die Makrele sorgfältig kalt waschen und mit einer Mischung aus einen Esslöffel Kräuteressig und einem halben Teelöffel Salz einreiben. Einwirken lassen.

Eine handlange Karotte waschen und schälen, ein Stückchen Sellerie (Zwiebackgröße) vorbereiten, einen Stängel glatte Petersilie waschen, alles grob zerkleinern.

Die Makrele unter fließendem kaltem Wasser gründlich waschen und mit Küchenpapier gut abtrocknen. Das grob geschnittene Gemüse in den Bauch der Makrele füllen und den Fisch gut zusammendrücken. Den gefüllten Fisch vorsichtig in feste Alufolie wickeln alles rundherum fest verschließen. Im vorgeheizten Backofen (200 Grad Celsius) dauert das Garen gute 30 Minuten.

Nach dem Abkühlen wird die Makrele sorgfältig filetiert. Sie schmeckt auch kühl.

Tipps: Ausprobieren, ob Mausekatze das Gemüse mag.

Makrelenrezept für die Familie: Nach dem Salzen und Säuern den Fisch nicht waschen. In die Gemüsefüllung können auch zwei, drei Wacholderbeeren gegeben werden. Wenn eine Portion für Katzen und eine für Menschen gemeinsam in den Backofen kommt, unbedingt die Alufolie der Katzenportion markieren

Adonis' Leberwurst

Adonis nahmen wir mit zehn Jahren bei uns auf. Er entpuppte sich als Mädchen! Donilein, wie wir die schöne, rauchgraue Perserdame nannten, liebte Leberwurst – und unsere eigene Ersatzkreation.

300 Gramm Geflügelleber in wenig Hühnerknöchleinbrühe garen mit zwei Zweiglein Majoran, eine Prise Salz, einer mehlige Kartoffel klein geschnitten mitkochen.

Nach 15 Minuten Garzeit kontrollieren, dann die Flüssigkeit abgießen und mit dem Pürierstab eine sehr feste Masse herstellen, notfalls Flüssigkeit zugeben. Es muss ein fester Leberbrei werden, der zur Rolle geformt wird und im Kühlschrank ruht.

Scheibchenweise als Belohnung und Schmankerl verschenken. Eignet sich wunderbar zur Tabletteneingabe.

Basler Rübenmüsli

Wir kochen auf Vorrat zum Einfrieren.

Zutaten:

200 Gramm *rohe, mehlige Kartoffeln*
gut 150 Gramm *Karotten*
Butter
Hühnerknöchleinbouillon

Die Karotten und die Kartoffeln nicht schälen, sondern mit einer Küchenbürste kräftig abschrubben. Die hoch gelobte, selbst hergestellte Hühnerbouillon wird mit einer winzigen Messerspitze Butter angereichert.

Das Gemüse reibe ich nun ganz schnell durch den Gurkenhobel in einen viertel Liter Brühe. Nach wenigen Minuten Garzeit (probieren) können wir mit dem Pürierstab einen weichen Schleckbrei zaubern. Nach Bedarf Brühe dazutun.

Tipps: Verstecken Sie einige Hühnerfleischstückchen im Rübenmus.

Menschen essen dieses Gericht mit einer Prise Muskatnuss, gebräunten Speck- und Zwiebelscheiben.

Die kleine Anleitung für die Hühnerknöchleinbrühe finden Sie im folgenden Rezept.

Kartoffeln und Gemüse nur putzen und mit einem Gurkenhobel klein reiben. (Foto: T. Prawitz)

Für Bissen vom Grillhähnchen macht Amadeus sogar Sport. (Foto: T. Cramer)

Bequemer Leckertag für alle

Zu unserem großen Glück haben wir einen verständnisvollen Metzgermeister, der an seinem Grill für uns ein Hähnchen ganz ohne Salz mitgrillt.

An Grilltagen gleicht unsere Küche mit dem Lärmpegel einem Basar: Sieben Katzen schreien, maunzen herzzerreißend und bedrängen mich in penetrantester Art, sodass ich sehr Obacht geben muss. Sie versuchen zu stehlen, streiten sich zwischendurch, und dazwischen werkele ich mit dem Messer!

Das Brathähnchen wird sorgfältig gehäutet, von allen Knochen befreit und dann fein geschnitten. Gut durchmischen und an die Rasselbande verteilen.

Tipps: Das Hühnerfleisch ist sehr unterschiedlich, so sind zum Beispiel die Schenkel besonders delikat, Hähnchenbrust faserig und leicht trocken. Deshalb bemühe ich mich um gerechte Verteilung.

Die Hühnerknochen werden etwa zehn Minuten in einem halben Liter Wasser (mit einer Messerspitze glutenfreier Bouillon) gekocht. Danach durch ein sehr feines Sieb gießen und die leichte Brühe im Kühlschrank ein bis zwei Tage aufheben bis zur Weiterverwertung. Ansonsten einfrieren.

In die Hühnerbrühe das fein geschnittene Hähnchenfleisch hineingeben. Katzen lieben so etwas!

Bratheringe

Kaufen Sie bitte nach Bedarf im guten Fischladen „grüne Heringe“" ein. Lassen Sie die Heringe dort auch gleich ausnehmen und Köpfe und Schwänze entfernen.

Zutaten:

Mehl
Salz
Essig
Lorbeerblatt
Pfefferkörner
1 mittelgroße Zwiebel
Wacholderbeeren
Petersilie
Senfkörner
Karotten
Sellerie
cholesterinfreies Rapsöl

Bereiten Sie einen Sud zu:
Für zwei Liter Wasser geben Sie ein Lorbeerblatt, fünf Pfefferkörner (schwarze), drei Wacholderbeeren, eine geschälte Zwiebel, eine Karotte, ein ebenso großes Stück Sellerie, einen Teelöffel Senfkörner, drei Stiele glatte Petersilie, zwei Teelöffel Salz, ein bis zwei Tassen Essig dazu. Kochen Sie alles kräftig durch und schmecken Sie ab. Der Sud soll gut säuerlich, aber nicht sauer sein!

Inzwischen die Heringe gut waschen, mit Küchenpapier gut abtrocknen. Die Fische exakt in Mehl wälzen. Sie werden nun in einer Pfanne in Rapsöl sehr schnell kräftig angebraten und sofort in den kochenden Sud gelegt. Nehmen Sie den Topf von der Herdplatte und lassen Sie die Heringe ohne Energie gar ziehen. Nach einer halben Stunde probieren Sie, ob das Rückenfleisch weiß und somit essfertig ist. Lassen Sie den Topf über Nacht im kalten Keller stehen.

Jetzt erst Pfoten sauber putzen und dann Mittagschlaf! (Foto: U. Schanz)

Bratheringe eignen sich hervorragend zum Auskurieren von Appetitlosigkeit. Besonders ältere Katzen schätzen dieses Gericht.

Grundsätzlich bekommen sie diesen Leckerbissen ohne Haut und Gräten (und natürlich ohne einen Tropfen Sud) in den Napf.

Tipp: Wenn Katzeneltern es würziger mögen, einen zweiten Sudtopf zubereiten, die Zutaten erhöhen und selbst essen.

Feline und die Leberlust

Zutaten:

Parboiled Reis

Rindsbouillon aus dem Vorrat

im Frost (selbst gekocht)

150 Gramm *Rinder- oder Kalbsleber*

Butter

Vollkornmehl

Salbei

Zwei kleine Tassen Bouillon mit einer kleinen Tasse Reis aufsetzen und zum Kochen bringen. Nach wenigen Minuten die Kochplatte abschalten, der Reis gart weiter. Probieren Sie, ob die Körner weich sind.

Ein haselnussgroßes Butterstückchen in einem beschichteten Topf gut erwärmen. Die Leber mit dem Vollkornmehl üppig einstäuben, zusammen mit dem zerrissenen Salbeiblatt leicht bräunen, esslöffelweise den Bratensatz mit Brühe löschen. Die Leber darf innen nicht mehr rosa sein, so lange muss sie schmurgeln. Die sehr fein geschnittene Leber mit dem Bratensatz und dem Reis gut durchmischen.

Sie können geschnetzelte Leber auch in einer beschichteten Pfanne mit ein paar Tropfen cholesterinfreiem Öl braten und Ihrer Katze damit ein Dosenfutter verfeinern.

Tipp: Salbei vorher testen: Lassen Sie Ihre Katze dran riechen, sie zeigt schon, ob der Salbei erwünscht ist.

Wenn den Schmusebären der Reis wegen der Körner nicht zusagt, pürieren Sie Leberlust und Reis.

Auch wenn Katzen sie lieben – Leber sollte es nur einmal pro Woche geben. (Foto: T. Prawitz)

Um etwas Gewünschtes zu bekommen, werden Samtpfoten notfalls sehr energisch. (Foto: U.Schanz)

Kleine Fischsuppe für Arabella

Zutaten:

100 Gramm *roher Lachs*
100 Gramm *Dorsch*
100 Gramm *Rotbarschfilet*
Schnittlauch
glutenfreie Fertigbouillon
Öl
Teebeutelfilter zum Kräutersäckchen bestückt
1 *Tomate*

Teebeutelfilter füllen mit einem Lorbeerblatt, zwei Pfefferkörnern, vier Wacholderbeeren und gut verschließen.

Einen halben Liter Wasser mit den Fischsorten, einem halben Teelöffel Fertigbouillon, Tomate, Kräutersäckchen und einem Teelöffel Öl aufkochen und auf kleiner Flamme zehn Minuten ziehen lassen. Nach dem Erkalten den Schnittlauch hineinschneiden.

Die Katzen mögen die Suppe auch kühl im Hochsommer.

Kleine Pfannkuchennascherei

Rühren Sie vier Esslöffel Vollkornmehl und ein Ei mit so viel fettarmer Milch an, bis ein dünnflüssiger Pfannkuchenteig entsteht. In einer beschichteten Pfanne backen Sie kleine Pfannkuchen in wenig Rapsöl goldgelb aus.

Milch oder Sahne ist für Minitiger einfach unwiderstehlich. (Foto: T. Cramer)

Aus 100 Gramm gedünstetem Lachs und 100 Gramm Frischkäse (stark fettreduziert) pürieren Sie eine Creme. Damit bestreichen Sie dünn die Pfannkuchen und legen fünf schichtweise übereinander.

Tortenstückchen abschneiden (sehr dünn) und füttern. Die Pfannkuchen sind zum Einfrieren geeignet.

Tipp: Menschen essen einen kräftig gewürzten grünen Salat dazu.

Der Backofen ist ein sicherer Aufbewahrungsort für auftauendes Fleisch. (Foto: T. Cramer)

Hasenrückenfilets

Terror herrscht in unserer Küche, wenn es Wild gibt. Alle Katzen schreien und reißen mir weg, was sie mit den Pfoten erwischen. Ich muss sie aussperren, um das tiefgefrorene Fleisch auspacken zu können.

Die Filets lege ich zum Auftauen in eine Pfanne, die zugedeckt im Backofen vor den Katzen sicher ist.

Aus mehligen, gekochten Kartoffeln wird ein Püree zubereitet; entrahmte Vollmilch, zehn Gramm Butter, eine Prise Salz, und einen Esslöffel Rahm zur Verfeinerung dazugeben.

Kräuterbeutel zum Würzen: Ein Teebeutelfilter wird gefüllt mit zwei Lorbeerblättern, zwei Rosmarinzweigen, fünf Nelken, einer Knoblauchzehe, einer Schalotte, sechs Wacholderbeeren, drei schwarzen Pfefferkörnern.

Die Filets nach dem Auftauen in Vollkornmehl wenden und in 40 Gramm sehr heißer Pflanzenmargarine rasch in einer beschichteten Pfanne goldbraun braten. Die Filets aus der Pfanne heben und den vorbereiteten Kräuterbeutel hineinlegen, zwei Tassen Wasser zum Ablöschen des Bratensatzes dazugießen und aufkochen. Mit einem Schneebesen gut umrühren.

Legen Sie die angebratenen Filets in die Sauce und lassen das Wild bei kleiner Hitze etwa zehn bis 15 Minuten leise köcheln. Überzeugen Sie sich durch einen Schnitt, dass das Fleisch nicht mehr rosa ist.

Zum Abschmecken lässt man sich gerne einladen. (Foto: U. Schanz)

Fütterung der Raubtiere: Jeder Stubentiger bekommt einen kleinen Löffel Kartoffelbrei, ein bisserl Sauce dazu und einen Löffel mit fein geschnittenem Hasenrücken.

Schnapp, schluck und alles ist weg.

Schließen Sie rasch Ihre Küchentür und taufen Sie den Saucenrest mit einem großen Schuss Rotwein, geben Sie einen halben Becher Rahm dazu und salzen Sie sich die Wildpfanne nach Herzenslust. Gönnen Sie sich den Kartoffelbrei und Rosenkohl, Broccoli oder Blaukraut.

Tipp: In der Regel sind vier Hasenrückenfilets in einer Tiefkühlpackung – ausreichend für ein Familienessen.

Diese Mischung zergeht allen auf der Zunge. (Foto: T. Prawitz)

Katzenkaltschale für heiße Tage

Die Zutaten sind reichlich bemessen, damit Menschen mitessen können!

Zutaten:

250 Gramm *Magerquark*
1 kleiner Becher *Bio-Joghurt*
Sahne
1 *Fertigsoßenpulver (Vanille)*
3 Esslöffel *entrahmte Vollmilch*

Drei Esslöffel Milch mit zwei Esslöffel Sahne mischen, einen gehäuften Esslöffel vom Vanillesoßenpulver dazugeben und sehr kräftig mit einem kleinen Schneebesen gut eine Minute durchschlagen.

Drei Esslöffel Joghurt untermischen und erneut kräftig mit dem Schneebesen verrühren. Zum Schluss den Quark dazugeben und nochmals sehr sorgfältig alles mit dem Schneebesen schlagen.

Kellerkühl servieren.

Tipp: Heben Sie kleine Stücke frisches Obst unter den Quark, zum Beispiel Erdbeeren, Kirschen, Pfirsich, Bananen ...

Kirschen schmecken selten, aber man kann so schön damit spielen. (Foto: T. Cramer)

Rindsroulade für das Gulasch etwas dicker schneiden lassen. (Foto: T.Prawitz)

Es ist angerichtet! (Foto: T. Prawitz)

Katzengulasch

Dieses Rezept hat sich als Willkommensmahl für Pflegekatzen bestens bewährt.

Zutaten:

2 *Rouladen*

2 *rohe Kartoffeln*

1 *kleine Möhre*

1 Teelöffel *Distelöl*

Rinderbrühe aus dem Vorrat

2 Blättchen *Liebstöckel*

Schneiden Sie die Rouladen in sehr feine Würfel. Das Distelöl erhitzen und Fleisch und Kräuter kurz anbraten. Mit einer Tasse salzloser Rindsbouillon ablöschen und auf kleiner Flamme köcheln. Die gewaschenen Kartoffeln mit der Schale in das Gulasch geben (mit dem Gurkenhobel raspeln) und mitgaren. Vorsicht: Öfter umrühren, damit nichts ansetzen kann.

Lauwarm füttern.

Thunfischsalat

An heißen Sommertagen bleibt die Küche fast kalt.

Zutaten:
Kleine Nudeln, die als Suppeneinlage gedacht sind
(Sternchen, Buchstaben ...)
cholesterinfreies Rapsöl
Schnittlauch
Petersilie
1 Dose *Thunfisch ohne Salz und ohne Öl*
(es gibt sie wirklich nur mit Wasser im Supermarkt)

Kochen Sie eine kleine Tasse Nudeln nach Vorschrift auf der Packung, ohne Salz und Fett. Gut abtropfen lassen. Der Thunfisch wird mit dem Fischwasser in der Dose sehr, sehr klein gefranst und mit den Nudeln vermischt. Geben Sie einen Teelöffel fein gehackte Kräuter und einen Teelöffel Öl dazu.

Kellerkühl und in kleinen Portionen verteilen.

Tipp: Menschen mischen sich diesen Thunfisch mit Oliven, Kapern, mediterranen Kräutern, Zitrone und wenig Öl. Es gibt Weißbrot und Rotwein dazu.

Lammschulter ist für dieses Rezept das optimale Fleisch. (Foto: T. Prawitz)

Wenn es mal ganz schnell gehen soll, servieren Sie Ihrer Katze nur den Thunfisch mit einem Rand aus Trockenfutter. (Foto: T. Prawitz)

Osteressen für Scheitan

Zutaten:
1 *Lammkotelett (sehr mager) oder ein mageres*
Stück Lammfleisch aus der Schulter (150 Gramm)
3 *Oreganoblättchen*
1 Blatt *Liebstöckel*
2 Zentimeter *Rosmarin*
1 gehäufter *Esslöffel mit gekochtem Reis*
1 Teelöffel *Schmand*

Das Lammfleisch wird mit einem scharfen Messer sehr, sehr fein geschnetzelt. Die Kräuter in einen Teebeutel geben. In kurzer Zeit muss das Fleisch mit den Kräutern bei großer Hitze in wenig Wasser gar dünsten. Während das Fleisch abkühlt, bitte alle Kräuter herausfischen.

Reis und Schmand sorgfältig mit dem gedünsteten Fleisch und der Sauce mischen.

Lauwarm füttern.

Tipps: Es gibt Katzen, die Knoblauch mögen. Ein kleines Blättchen Bärlauch zum Ausprobieren mitkochen. Es reicht sogar schon ein Ministückchen davon.

Nicht alle Katzen mögen Lammfleisch, deshalb durften unsere Sieben den Osterbraten vorkosten.

Ostholsteiner Kartoffelsuppe

Dieses Rezept gilt für die gesamte Familie, deshalb bitte nicht über den Mehraufwand staunen, er lohnt sich!

Bitte kaufen Sie das Fleisch bei einem zuverlässigen Metzger ein.

Zutaten:

2 *Suppenknochen*
2 *Fleischknochen*
500 Gramm *Wadschenkel* oder 1 *Beinscheibe*
Lorbeerblätter
Liebstöckel
glatte Petersilie
Knoblauch
Karotten
Lauch
Sellerie
weichkochende Kartoffeln
Wasser
Pfefferkörner und 1 Tomate je nach Geschmack
glutenfreie Fertigbrühe

Katzen sollen nicht auf den Herd, aber Fritzie bewacht den Rest „ihrer" Kartoffelsuppe. (Foto: T. Cramer)

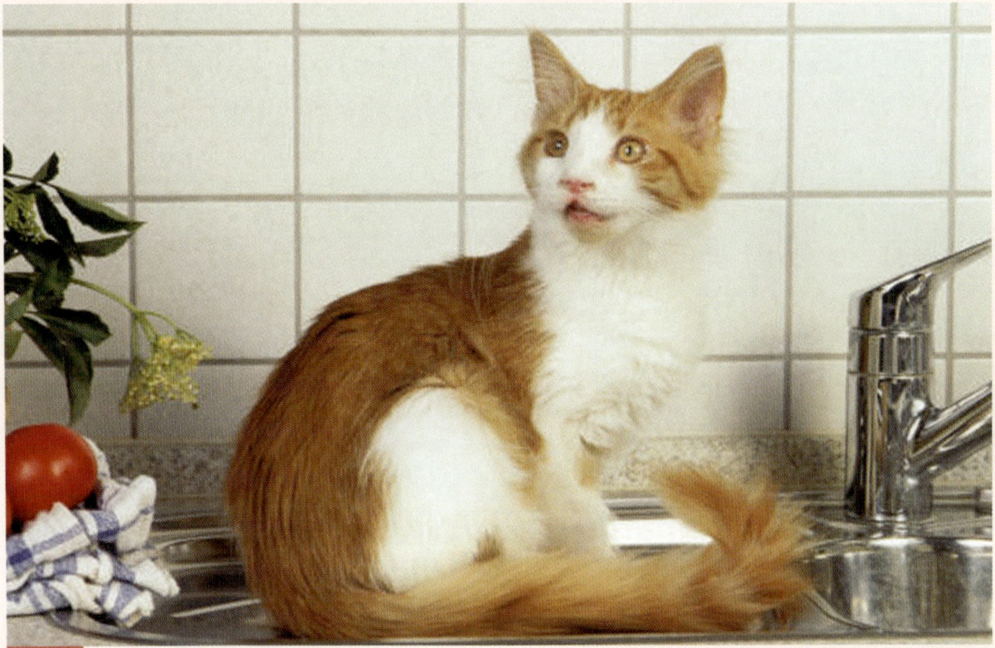

Geduldig warten bei langer Vorbereitungszeit fällt heute schwer. (Foto: U. Schanz)

Das Fleisch und die Knochen werden mit drei Liter kaltem Wasser aufgesetzt. Dazu geben wir zwei Lorbeerblätter, einen fingerlangen Liebstöckelhalm, einen Bund glatte Petersilie, einen Teelöffel glutenfreie Brühe, eine Knoblauchzehe, drei Pfefferkörner. Eine kleine Stange Lauch, drei Karotten, eine Tomate, ein Achtel Stück Sellerie waschen, putzen und in den Suppentopf legen. Sorgfältig mit dem Topfdeckel verschließen.

Auf höchster Stufe wird alles sehr schnell zum Kochen gebracht.

Vorsicht: Die Brühe rauscht sehr schnell auf und läuft über den Topfrand. Deshalb nütze ich die Zeit zum Vorbereiten der drei Pfund Kartoffeln (Sparschäler verwenden) und behalte den Herd fest unter Kontrolle. Sobald es im Suppentopf köchelt, die Hitze herunterschalten und auf niedriger Flamme drei volle Stunden garen lassen. Die geschälten Kartoffeln derweil im kalten Wasser aufbewahren.

Nach drei Stunden Kochzeit werden Gemüse und Fleisch aus der Brühe gehoben und getrennt fein geschnitten. Die sorgfältig durchgeseihte Bouillon gießen wir über die sehr klein gehackten Kartoffeln in einen Extratopf. Geben Sie nicht zu viel Flüssigkeit hinein (damit die Suppe nach dem Pürieren schön dick ist) und lassen Sie die Kartoffeln etwa 30 Minuten garen. Mit dem Rührstab verarbeiten Sie die Bouillonkartoffeln zu einer dicken Suppe, wenn nötig noch Brühe dazugeben.

Für die Katzen wird pro Napf ein kleiner Esslöffel Suppenfleisch dazugegeben.

Tipps: Streuen Sie pro Napf einen halben Teelöffel Hefeflocken über das Futter. Probieren Sie aber vorweg erst mit einer Prise am Rand aus, ob Mieze das auch recht ist!

Für uns Menschen werden Salz, Pfeffer, Gemüse und Fleisch in die Suppe gerührt.

Räucherfisch im Gemüsebeet

Mit diesem Fischgericht konnten wir sogar den Gemüsehasser Cicero überlisten!

Hier muss auch der letzte Krümel aus dem Napf gefischt werden. (Foto: U. Schanz)

Zutaten:

1 *Kartoffel* (mandarinengroß)
3 *Spinatblätter*
1 daumengroße *Karotte*
1 *Stück daumengroßen Staudensellerie*
1 *Salbeiblatt*
1 *Räucherfisch* (fettarm, vom zuverlässigen Fischhändler frisch aus dem Rauch besorgen)

Das frisch gewaschene, ungeschälte Gemüse wird sehr klein geschnitten und tropfnass (bei Bedarf etwas Wasser dazugießen) in einem kleinen Töpfchen gegart. Der Pürierstab verarbeitet das Gemüse in kurzer Zeit zu einem sehr glatten, geschmeidigen Brei. Während der Abkühlphase wird der Räucherfisch enthäutet und von allen Gräten befreit. Etwa 100 Gramm davon in den Gemüsebrei geben und nochmals kräftig mit dem Pürierstab durcharbeiten.

Tipps: Der restliche Räucherfisch ist bestimmt eine Bereicherung für Ihr Abendessen.

Cicero kam als Minibaby zu uns, er war der Schwächste im Wurf einer frei lebenden Katze. Damit unsere Feline ihn schnellstens akzeptierte, rieben wir den kleinen Kater mit Kieler Sprotte ein. Feline begann ihn sofort gründlich abzulecken. Das Heimwehmaunzen endete schnell, und die neue Katzenmama Feline übernahm die komplette Erziehung.

Vegetarischer Schleckteller für Amelie

Außer der Münchner Weißwurst rührt unsere Amelie nichts Fleischiges an. Wir führen das auf ihr trauriges und entbehrungsreiches Vorleben zurück.

Zutaten:

1 *kleines Ei*
1 Teelöffel *fein gewiegter Schnittlauch*
1 Prise *Salz*
saure Sahne oder *Schmand*
Hühnerknöchleinbouillon
1 *weich gekochte mittelgroße Kartoffel*
1 Messerspitze *Butter (bitte wirklich wenig)*

Das Ei mit Schnittlauch, Salz und einen Esslöffel Wasser kräftig mit der Gabel durchschlagen. Butter und einen Esslöffel Wasser erhitzen und das Rührei gut schonend garen.

Die Kartoffel mit etwas Bouillon zu einer lockeren Miniportion Kartoffelbrei verrühren, mit einem halben Esslöffel Sahne oder Schmand verfeinern. Über den fertigen Brei das Rührei geben.

Ergibt zwei Mahlzeiten, bitte lauwarm füttern.

Tipp: Amelies strapaziertes Bäuchlein konnten wir sehr oft auch mit Hüttenkäse oder einem guten Joghurt wieder ins Lot bringen. Sie erreichte ein geschätztes Alter von fast 19 Jahren.

Nicht nur Vegetariern schmeckt dieses Rührei. (Foto: T. Prawitz)

Auf frischer Tat ertappt: Scheitan (23 Jahre) an den Adventsplätzchen. (Foto: T. Cramer)

Amadeus' Adventsplätzchen

Das ist mir nur einmal passiert: Ein festlicher Adventsteller mit allerlei Selbstgebackenem, liebevoll dekoriert, wartet in der Küche auf den großen Augenblick im Esszimmer ... Amadeus und Scheitan waren schneller! Einträchtig saßen sie auf dem Küchentisch und mümmelten sich, ganz ohne schlechtes Gewissen, genüsslich durch mein Werk. Angekaut waren aber nur Anisplätzchen! Hier ist das Ergebnis meiner Katzenplätzchenbackversuche.

Zutaten:

250 Gramm *Weizenvollkornmehl*
250 Gramm *gut ausgepressten Topfen (Quark)*
gute 200 Gramm *einer wertvollen, fettarmen Margarine*
2 Teelöffel *Anispulver*
1 Messerspitze *Vanillemark aus der Schote*

Und was gibt es als Nächstes? (Foto: U. Schanz)

Alle Zutaten sehr schnell zu einem glatten Teig verkneten, den Kloß dann sehr heftig auf den Tisch schlagen, leicht mit den Händen auswalken und immer wieder ausschlagen, falten und walken.

Möglichst über Nacht den Teig in den Kühlschrank stellen und ruhen lassen.

Nehmen Sie einen kleinen Teil des Teiges, rollen ihn einen halben Zentimeter dick aus und stechen daraus sehr kleine Rundlinge, die Sie auf einer Backfolie auf das Blech legen. Ganz leicht mit wenig Milch bestreichen.

Knappe zehn Minuten bei 200 Grad Celsius im vorgeheizten Ofen backen.

Gut auskühlen lassen und dann in Bröckchen an die Naschkatzen verschenken.

Tipps: Backen Sie die Plätzchen für sich selbst, kommt Hagelzucker darauf.

Ohne Anis können Sie den Teig auch für Käse- oder Salzgebäck verwenden, das Sie durch Bestreuen mit Kümmel, Salz oder Käse leicht herstellen können.

Sie können den Teig auch ausradeln und Apfeltaschen oder Schinkenhörnchen formen.